글 서지원

신문사 기자와 출판사 편집자로 활동하다가 어릴 적 꿈인 작가가 되어 하루도 빠짐없이 글을 쓰고 있습니다.
2009년 개정 초등 국정 교과서와 고등 교과서를 집필했고, 스토리텔링으로 지식 탐구 능력과 창의적인 문제 해결 능력을 담은 글을 쓰고 있습니다.
쓴 책으로는 《이상한 나라의 도형 공주》《어느 날 우리 반에 공룡이 전학 왔다》《몹시도 수상쩍은 과학 교실》
《수학 시간에 울 뻔했어요》《훈민정음 구출 작전》들이 있습니다.

그림 현태준

유쾌한 상상력이 가득한 만화, 일러스트레이션, 사진, 순수 미술 등 다방면에서 활동하는 전방위 예술가입니다.
만화가 겸 수필가 혹은 장난감 연구가로도 불립니다. 작품으로는 《우리 선생님을 돌려주세요》《반짝》《현태준의 대만 여행기》
《현태준 이우일의 도쿄 여행기》《뽈랄라 대행진》들이 있습니다.
그동안 모아 온 장난감으로 홍대 앞에서 '뽈랄라 수집관'을 운영하고 있습니다

감수 박대범

상명대학교에서 국어교육을 전공하고, 같은 대학에서 석사 학위를 받았습니다. 동국대학교에서 국어학 박사 과정을 수료했으며,
지금은 동국대학교와 한국기술교육대학교에서 학생들에게 강의를 하고 있습니다.
함께 쓴 책으로《한글나들이》가 있고, 《도대체 뭐라고 말하지? : 우리말의 숫자와 시간》을 감수했습니다.

우리말 표현력 사전2
도대체 뭐라고 말하지? : 교과서 속 비슷한 말, 높임말

글 서지원 그림 현태준 감수 박대범

초판 1쇄 펴낸날 2015년 1월 30일 | **초판 10쇄 펴낸날** 2024년 6월 1일
편집장 한해숙 | **기획편집** 신경아 | **디자인** 최성수, 이이환 | **마케팅** 박영준, 한지훈 | **홍보** 정보영, 박소현 | **경영지원** 김효순
펴낸이 조은희 | **펴낸곳** ㈜한솔수북 | **출판등록** 제2013-000276호 | **주소** 03996 서울시 마포구 월드컵로 96 영훈빌딩 5층
전화 02-2001-5818(편집), 02-2001-5828(영업) | **전송** 02-2060-0108
전자우편 isoobook@eduhansol.co.kr | **블로그** blog.naver.com/hsoobook | **인스타그램** soobook2 | **페이스북** soobook2
ISBN 979-11-7028-683-7 73710
ISBN 978-89-535-8825-7 74710(세트)

도대체 뭐라고 말하지?:교과서 속 비슷한 말, 높임말 ⓒ 2014 서지원, 현태준

※ 저작권법에 의해 보호받는 저작물이므로 저작권자의 서면 동의 없이 다른 곳에 옮겨 싣거나 베껴 쓸 수 없으며 전산장치에 저장할 수 없습니다.
※ 값은 뒤표지에 있습니다.

어린이제품안전특별법에 의한 제품 표시
품명 아동 도서 | **사용연령** 만 8세 이상 어린이 제품 | **제조국** 대한민국 | **제조자명** ㈜한솔수북 | **제조년월** 2024년 6월

 한솔수북의 모든 책은 아이의 눈, 엄마의 마음으로 만듭니다.

우리말 표현력 사전 2

도대체 뭐라고 말하지?

교과서 속 비슷한 말, 높임말

글 서지원 · 그림 현태준

| 차례 |

01. 소리는 같지만 뜻이 달라요 · 4

너머-넘어 · · · · · · · · 6
마치다-맞히다 · · · · · · · · 8
부치다-붙이다 · · · · · · · · 10
소리 때문에 틀리기 쉬운 낱말 · 12

02. 여러 가지 뜻이 있어요 · 14

세다 · · · · · · · · · · · 16
이르다 · · · · · · · · · · · 17
쉬다, 긁다 · · · · · · · · · · 18

03. 헷갈리는 낱말은 상황을 떠올려요 · 20

가리키다-가르치다 · · · · · · · 22
바꾸다-고치다 · · · · · · · · · 24
반드시-반듯이 · · · · · · · · · 25
잊다-잃다 · · · · · · · · · · · 26
장이-쟁이 · · · · · · · · · · · 28
틀리다-다르다 · · · · · · · · · 30

04. 어른에게는 높임말을 써요 · 32

이름, 생일, 나이를 나타내는 높임말 34
드리다, '-시-'를 붙이는 높임말 · · 36
높임말을 쓰지 않는 경우 · · · · · 38

우리말 퀴즈 · 40

01

소리는 같지만 뜻이 달라요

너머-넘어

너머, **넘어**를 소리 내어 말해 보면 같은 소리가 나요.
너머, **넘어** 두 낱말 뜻을 제대로 알지 못하면 이런 일이 일어날 수 있어요.

너머는 저 멀리 있는 곳을 가리킬 때 쓰는 말이에요.

| 다리 너머에 공원이 있어요. | 축구공이 담 너머 날아갔어요. |

멀리 있는 곳이 궁금해서 물어보거나 멀리 있는 곳이 보일 때에도 **너머**를 써요.
예를 들면, "우리 집 너머에는 뭐가 있어요?", "학교 너머 산이 보여요."
이렇게 쓸 수 있어요.

넘어는 지나가는 움직임을 나타내는 '넘다'라는 낱말에서 끝말만 바꾼 거예요.
산, 파도, 담처럼 높은 곳의 위를 지나갈 때 '넘어'라고 써요.

| 산 넘어 갈 때 | 뜀틀을 넘어 갈 때 |

또 시간이나 나이, 때가 지났을 때에도 **넘어**를 쓸 수 있어요. 예를 들면,
"일곱 살이 넘어야 탈 수 있어요.", "십 분 넘게 걸려요."라고 표현해요.

마치다-맞히다

마치다, 맞히다 두 낱말을 소리 내어 말해 볼까요?
소리는 비슷하지만 뜻을 살펴보면 아주 달라요.

마치다는 '어떤 일이 끝나다'라는 뜻이에요.
청소를 반질반질하게 끝냈을 때 이렇게 표현해요.

청소를 깨끗하게 마쳤어요.

맞히다는 시험 같은 문제에 답을 제대로 풀었을 때 쓰는 말이에요.

정답을 맞히면 좋아요.

그리고 친구와 시험 문제의 답을 비교해서 볼 때에는 **맞추다**라고 말해요.

친구와 답을 맞추어 보니 웃음이 났어요.

부치다-붙이다

부치다, 붙이다도 알아볼까요?
소리는 같아도 뜻을 알면 헷갈리지 않을 거예요. **부치다**는 이럴 때 써요.

편지를 보낼 때, 빈대떡을 만들 때, 힘이 모자랄 때 **부치다**를 써요.

붙이다는 어떤 물건을 떨어지지 않게 만들 때 쓰는 말이에요.
색종이에 풀을 발라서 종이에서 떨어지지 않게 할 때 **붙이다**를 써요.

이렇게 **붙이다**는 친구에게 말을 걸거나 재미가 생겼을 때에도 쓸 수 있어요.

어떤 문제를 다른 곳이나 다음 기회에 맡기고 싶을 때에도 **부치다**를 써요.

어떤 일을 아무도 모르게 숨기고 싶다고요? 쉿! 비밀에 부쳐요.

별명이나 동물 이름을 짓고 싶을 때 **붙이다**로 표현할 수 있어요.

귀여운 강아지, 고양이, 토끼 이름을 마음껏 붙여 보아요.

소리 때문에 틀리기 쉬운 낱말

소리 나는 대로 무심코 받아쓰기를 하다가 틀린 적이 있죠?
소리 때문에 틀리기 쉬운 낱말은 뭐가 있는지 알아보아요.

겁먹지 않고 꿋꿋하게 버티는 태도를 말하고 싶을 때에는 **배짱**이라고 써요.
베짱은 곤충인 베짱이를 잘못 줄인 낱말로 **틀린 말**이에요.

잘못된 말을 쓰면, 다른 사람에게 하고 싶은 말을 바르게 전할 수 없어요.
분식집이나 식당 메뉴판에서 쉽게 볼 수 있는 잘못된 말을 알아볼까요?

맞춤법에 맞는 메뉴판

김치 찌개 부대 찌개
된장 찌개 청국장 찌개
순두부 찌개

맞춤법 틀린 메뉴판

짜장 찌게 아무거나 찌게
짬뽕 찌게 섞어 찌게
스파게티 찌게

궁중 떡볶이 매운 떡볶이
치즈 떡볶이 카레 떡볶이

궁궐 떡볶기
치즈랑 떡볶기
매운가 떡볶기
카레는 떡볶기

떡볶이와 찌개는 맛있게 먹고, 우리말은 바르게 알고 쓰도록 노력해요.

02

여러 가지 뜻이 있어요

세다

세다라는 말에는 뜻이 무려 세 가지나 있어요.
돈이나 숫자 따위를 손가락으로 하나씩 헤아릴 때 **세다**를 쓰고,

힘이나 기운이 강할 때에도 **세다**를 쓰고,

머리카락이 하얗게 희어졌을 때도 **세다**를 쓰지요.

책을 읽거나 다른 사람의 이야기를 들을 때
세다를 어떤 의미로 썼는지 알려면, 앞뒤 말을 잘 살펴야 해요.

이르다

한 낱말에 여러 가지 뜻이 있는 대표적인 말이 있어요.
바로 **이르다**예요. 어떤 장소에 도착하다라는 뜻도 있지만,

빠르다는 뜻도 있지요.

또 다른 사람에게 미리 알려 주다라는 뜻도 있어요.

세 가지 뜻에 맞게 문장을 한번 연습해 보아요.

쉬다, 굶다

잠을 자거나 몸을 편안하게 할 때 우리는 **쉬다**라고 표현해요.

쉬다는 코로 공기를 들이마시고 내보낸다는 뜻도 있어요.

음식이 변해서 먹을 수 없게 되었을 때에도 **쉬다**를 써요.

긁다는 손톱이나 뾰족한 것으로 어딘가를 문지르다라는 뜻도 있고,

남의 기분이나 감정을 좋지 않게 하거나 남을 헐뜯는다는 뜻도 있어요.

그리고 아무렇지도 않은 일을 괜히 걱정할 때 속담 '긁어 부스럼'을 써요.

쉬다, **긁다**의 여러 뜻을 하나씩 살려서 연습해 보세요.

03

헷갈리는 낱말은 상황을 떠올려요

가리키다-가르치다

가리키다, 가르치다 얼핏 보면 비슷해서 헷갈리기 쉬운 말이에요.
어떨 때 써야 하는지 뜻을 살펴볼까요?

가리키다는 나무꾼이 손가락으로 방향을 알려 줄 때처럼
어떤 곳이나 어떤 것을 콕 집어 줄 때 쓰는 말이에요.

어떤 물건을 건네받고 싶을 때에는 그 물건을 가리키며 부탁해 보아요.
다른 사람들이 물건을 쉽게 알아챌 거예요.

가르치다는 사슴이 나무꾼에게 선녀들이 목욕하는 곳을 말한 것처럼
모르는 것이나 궁금해하는 것을 알려 줄 때 쓰는 말이에요.

엄마, 아빠께 웃긴 놀이를 가르쳐 주면 어떨까요?

바꾸다-고치다

바꾸다는 원래 있던 것을 없애고 새로운 것을 주고받거나 채워 넣을 때 쓰는 말이고, **고치다**는 고장 나거나 잘못된 것, 틀린 것을 바로잡는다는 뜻이에요.

바꾸고 싶은 것이 있나요? 고치고 싶은 버릇은 없나요?

반드시-반듯이

반드시, **반듯이**는 소리만 듣고는 알아차리기 어려운 낱말들이에요.
반드시는 '꼭', '틀림없이'라는 뜻으로 써요.

반듯이는 몸이나 생각, 행동이 삐뚤어지지 않고 똑바르다는 뜻이에요.
생김새가 아담하고 말끔할 때에도 "반듯하게 생겼네."처럼 쓸 수 있어요.

잊다-잃다

공부처럼 알고 기억해야 할 것들과 필요해서 잘 갖고 있어야 할 것들이 참 많아요.
이런 것들이 사라졌을 때 우리가 표현할 수 있는 낱말이 뭐가 있을까요?

바로 **잊다**와 **잃다**예요. 두 낱말은 어떨 때 써야 하는지 알아볼까요?
잊다는 전에 알고 있던 일이 생각이 안 날 때 쓰는 말이에요.

나이는 잊어도 괜찮지만, 숙제를 잊으면 선생님께 혼나겠죠?

잃다는 가지고 있던 것을 찾지 못할 때 쓰는 말이에요.
느낌이나 감정이 사라졌을 때, 길을 못 찾을 때, 입맛이 사라졌을 때도 써요.

물건뿐만 아니라 직장이나 집이 없어질 때도 **잃다**를 쓰고,
친구와 다퉈서 다시는 만나지 않게 되었을 때도 **잃다**라는 말을 써요.

장이-쟁이

좋은 기술을 가진 사람에게 쓰는 말이 있고, 별명을 지을 때 쓰는 말이 있어요. 바로 **장이**와 **쟁이**예요.

장이는 기술을 지닌 사람을 뜻해요.

특별한 기술을 가진 사람을 부를 때 **장이**를 써요.
옛날에는 옹기장이, 대장장이, 미장이가 없으면 큰일이었대요.

쟁이는 독특한 버릇이나 눈에 뜨이는 점을 가진 사람에게 쓰는 말이에요.

기술이 아닌 것에는 모두 **쟁이**라는 말을 써요.
고집쟁이, 떼쟁이보다는 멋쟁이, 요술쟁이가 되면 더 좋겠죠?

틀리다-다르다

틀리다와 **다르다**는 어른들도 헷갈리기 쉬운 낱말 가운데 하나예요.
보통 '다르다'를 써야 할 때 '틀리다'라고 단어를 잘못 쓰곤 하지요.

틀리다는 '맞다'의 반대말이에요. 이럴 때 '틀리다'라고 써요.

하려던 일이나 바라던 일이 잘 되지 않을 때에도 **틀리다**를 쓸 수 있어요.
"오늘 잠자기는 다 틀렸어.", "오늘 볼까 했는데 틀렸네!"라고 표현할 수 있어요.

다르다는 '같다'의 반대말이에요. 이럴 때 '다르다'라고 써요.

틀리다, 다르다 상황에 맞게 제대로 표현하는 연습을 해 볼까요?

04

어른에게는 높임말을 써요

이름, 생일, 나이를 나타내는 높임말

높임말은 부모님, 할머니, 할아버지, 선생님처럼 어른들께 쓰는 말이에요.
나보다 어린 동생이나 또래 친구에게 쓰는 말과 다르게 표현하는 낱말이 많아요.
'어른의 이름'을 말할 땐 **성함**이라고 해야 해요.

웃어른이 살고 계신 곳을 말할 때는 '집'이 아니라 **댁**이라고 해야 해요.

'어른이 한 말'을 높일 땐 **말씀**이라고 해야 해요.

다른 **높임말**도 알아볼까요?
'사람'을 뜻하는 높임말은 **분**이고,

'생일'을 뜻하는 높임말은 **생신**이에요.

공원에서 멋지게 뛰고 있는 할아버지를 가리킬 때에는

'나이'를 뜻하는 높임말 **연세**라고 말해요.
성함, 댁, 말씀, 분, 생신, 연세 뜻을 떠올리면서 한 문장씩 연습해 보아요.

높임말을 쓰지 않는 경우

어른이라고 해서 무조건 높임말을 해야 하는 건 아니에요.
역사적 인물은 나이가 아무리 많아도 높임말을 쓰지 않아요.

글짓기를 할 때 어른이 보는 글이라고 해도
'저는'이라고 쓰지 않고 '나는'이라고 써야 해요.

나보다 나이가 많은 동물이라 해도 동물에게는 높임말을 쓰지 않아요.

어른이 가진 물건이라도 마찬가지로 물건에는 높임말을 쓰는 게 아니랍니다.

우리말 퀴즈

1. 가로 열쇠와 세로 열쇠 글을 보고, 낱말 퍼즐을 완성해 보세요.

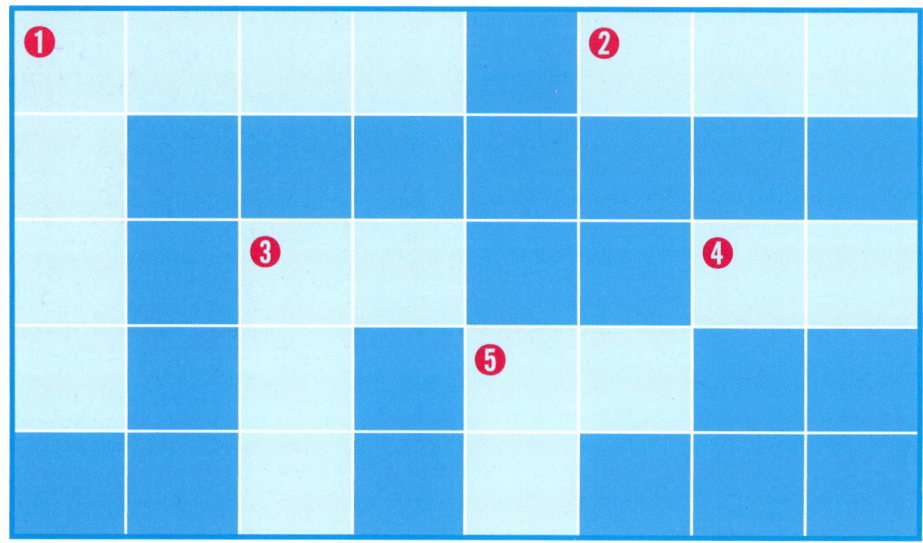

가로 열쇠

① 손가락으로 어떤 곳을 콕 집어 줄 때 쓰는 말.
② 다른 어른이 한 말을 높여 이르는 말.
③ 저 멀리 있는 곳을 뜻하는 낱말.
④ 특별한 기술을 가진 사람을 부를 때 붙이는 말.
⑤ 겁먹지 않고 꿋꿋하게 버티는 태도.

세로 열쇠

① 모르는 것이나 궁금해하는 것을 알려 주는 것.
② 사람의 생각이나 느낌 따위를 나타내는 소리로 한 글자이다.
③ 여우보다 작고 주둥이가 뾰족하며 꼬리가 뭉툭하다.
    낮에는 굴속에서 잠을 자고 밤에 활동하는 동물이다.
④ 여름철에 여러 날 계속해서 비가 내리는 현상이나 날씨. 또는 그 비.
⑤ 배나무의 열매. 물기가 많고 단맛이 난다.

2. 미로에서 틀린 말을 찾아 지우고 탈출해 보세요.

3. 아래 그림을 보고 알맞은 문장을 완성해 보세요.

	(세다)
	(부치다)
	(잃다)
	(쉬다)
	(생신)
	(드리다)

4. 알면 알수록 재미난 우리말